Le Livre de Poche
Jeunesse

Née dans une ferme de Suède en 1907, Astrid Lind-gren travaille d'abord pour un journal puis dans une maison d'éditions. Depuis son premier livre, en 1944, elle est devenue l'un des auteurs préférés d'une foule d'enfants dans le monde, avec plus de vingt romans, des films et des séries télévisées. Son originalité, son esprit et sa chaleureuse simplicité lui ont valu le prix Andersen en 1958, plusieurs autres prix littéraires et le prix de la Paix en 1978.

Les nouvelles farces de Zozo la tornade

Astrid Lindgren

Les nouvelles farces de Zozo la tornade

Traduit du suédois par
Sonia Trébinjac

*Couverture et illustrations
de Jacqueline Duhéme*

Le Livre de Poche

Il y a bien longtemps, en Suède, dans le village de Lonneberg, habitait Zozo la Tornade. N'as-tu jamais entendu parler de ce terrible petit garçon qui faisait plus de farces qu'il n'y a de jours dans l'année — sauf, bien entendu, les jours où il était malade ?

Les habitants du village s'étaient cotisés pour envoyer le garnement en Amérique : ils étaient tous terrifiés et fatigués de ses exploits. Mais la maman de Zozo était entrée dans une violente colère et leur avait dit :

« Zozo est un gentil petit garçon, et nous l'aimons bien tel qu'il est. »

Lina, la servante à la ferme de la Pommeraie, intervint et dit :

« Mais nous devons penser un peu aux Américains ; ils ne nous ont pas fait de mal, pourquoi les empoisonner avec Zozo ? »

La maman de Zozo la regarda sévèrement et Lina s'aperçut qu'elle avait dit une bêtise. Pensant se rattraper, elle ajouta en bredouillant :

« Mais, madame, on parle dans le journal de ce terrible tremblement de terre là-bas, en Amérique, et je pense... Zozo par-dessus le marché, ce serait trop pour eux !

— Tais-toi, lui dit sa patronne. Va traire les vaches, c'est la seule chose que tu saches bien faire. »

Lina saisit alors son seau et fila à l'étable. Tout en trayant, elle pensait qu'il faudrait avertir les Américains. Mais comment ? Leur écrire ? Elle éclata de rire, en pensant au mal qu'elle avait déjà pour donner de ses nouvelles à sa famille.

C'était donc à la mère de Zozo de le faire, elle qui écrivait si bien et tenait un journal racontant toutes les farces de son fils dans un gros cahier bleu. Le papa de Zozo pensait que c'était gaspiller des crayons pour rien que de tenir ce journal.

« Au contraire, répondait-elle, quand Zozo sera grand, il comprendra toutes les bêtises qu'il a pu faire dans son enfance et pourquoi j'ai tant de cheveux blancs. »

Zozo n'était pas méchant, c'est bien vrai, et sa maman avait raison en disant qu'il était un adorable gamin, ressemblant à un petit ange, avec ses cheveux blonds et frisés et ses grands yeux bleus.

« Hier, Zozo a été sage, avait-elle noté

Papa   Maman   Lina   Alfred

dans son cahier, le 27 juillet. Il n'a fait aucune bêtise, étant très fatigué par une forte fièvre. »

Mais, dès le 28 juillet, la fièvre étant tombée, les pages du cahier se remplirent. Il était fort comme un jeune bœuf, ce Zozo, et aussitôt en forme, il recommençait ses farces de plus belle.

« Je n'ai jamais rien vu de pareil », disait Lina, qui ne l'aimait pas beaucoup.

Tu as peut-être déjà compris que Lina n'appréciait pas spécialement Zozo. Elle lui préférait Ida, la petite sœur de Zozo, qui était une gentille petite fille, bien obéissante.

Alfred, le garçon de ferme de la Pommeraie, lui, par contre, préférait Zozo. Pourquoi ? On ne le sait pas et Zozo aimait Alfred. Ils s'amusaient bien ensemble. Quand Alfred ne travaillait pas et avait du temps libre, il apprenait à Zozo plein de trucs utiles ; comment seller un cheval ou comment priser ; oui, ça n'était pas spécialement utile et Zozo n'essaya qu'une seule fois. Mais il essaya quand même car il voulait savoir faire tout ce qu'Alfred faisait et le faire aussi bien que lui. Alfred lui avait même fabriqué un fusil en bois. C'était son trésor numéro un. Son trésor numéro deux était une petite casquette que son papa lui avait achetée un jour qu'il était allé à la ville.

« Z'aime mon fusil et ma "cache-tête" », avait-il l'habitude de crier, et il ne se couchait jamais sans avoir sa "cache-tête" et son fusil avec lui dans son lit.

Te rappelles-tu maintenant qui habitait à

Ida et la vieille Marie

la Pommeraie? Il y avait Antoine Svensson, le papa de Zozo, Anna Svensson, sa
maman, sa petite sœur Ida, Alfred, le garçon de ferme, la servante Lina et enfin
Émil, surnommé Zozo parce qu'il zozotait

l'affreux Zozo

un peu. Il ne faut pas oublier la vieille Marie, qui habitait une petite cabane dans la forêt et venait de temps en temps donner un coup de main à la Pommeraie. Elle aimait aussi raconter aux enfants d'horribles histoires de fantômes, de morts et de voleurs.

Mais revenons à notre Zozo et à ce fameux 28 juillet.

Comment Zozo inonda son père de sang de boudin et tailla son centième bonhomme en bois

Dans la cuisine de la Pommeraie, il y avait un vieux lit de bois peint en bleu sur lequel dormait Lina. En ce temps-là, dans toutes les fermes, il y avait, à la cuisine, un lit pour les servantes. Lina dormait donc là, malgré les mouches qui tournoyaient tout autour. Quand le réveil sonnait, à cinq heures et demie du matin, elle se dépêchait d'aller traire les vaches.

Dès que Lina sortait de la cuisine, le papa de Zozo arrivait pour boire tranquillement son café. Il aimait être assis, seul à la grande table, à siroter son café, tout en écoutant chanter les oiseaux, et les poules

caqueter au-dehors. Pour économiser ses souliers, il marchait pieds nus sur le plancher bien ciré par Lina.

Le 27 juillet, quel réveil épouvantable ! A quatre heures du matin, Lina fut brusquement tirée de son sommeil par une souris qui lui sauta au visage. Elle fit un bond, saisit une bûche, mais la souris était déjà

cachée derrière le tas de bois, près de la cheminée. Après cet événement, on décida d'avoir un chat dans la cuisine pendant la nuit.

Zozo entendit parler de la souris, et malgré la fièvre qu'il avait ce jour-là, il se dit : « Il faut que ze devance le chat. »

A dix heures du soir, toute la maisonnée dormait : le père, la mère, la petite Ida dans sa chambre, Lina dans la cuisine, Alfred dans les communs, près de l'atelier. Chacun était à sa place. Les cochons étaient dans la porcherie, les poules dans le poulailler, les chevaux et les moutons dormaient dehors, dans les champs. Seul, veillait le chat dans la cuisine.

« Pauvre Minou ! Tu es prisonnier ici ! Va dehors. » Et Zozo lui ouvrit la porte, car il avait pitié de lui. Mais il fallait le remplacer et attraper la souris. Zozo prit un piège à souris, y mit un petit morceau de lard, et cacha le piège tout près du tas de bois.

« L'idée n'est pas bonne. Si la souris aperçoit le piège, elle ne se laissera pas prendre. »

Il se mit à réfléchir. La souris aime se

promener tranquillement dans la cuisine ; il faut donc placer la tapette à l'endroit inattendu. Pourquoi pas sur la figure de Lina, puisque la souris a l'habitude ? Non, elle va encore crier et affoler toute la maison. Et sous la table ? Justement là, parmi les miettes... Non ! Ne plaçons pas le piège à la place du père, car, si à défaut de miettes, elle se mettait à grignoter l'orteil de son papa ? C'est impossible ! Zozo se décida enfin et laissa la tapette à l'endroit où son papa mettait les pieds. Puis, très fier de son idée, il alla se recoucher tout doucement.

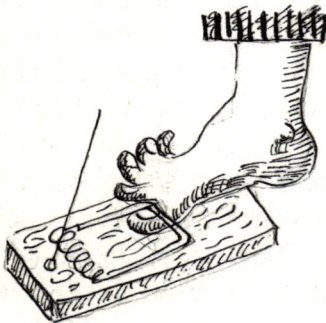

Il fut réveillé de bonne heure, par des cris venant de la cuisine.

« Ils sont contents ! Une souris est attrapée », pensa Zozo.

A cette minute, sa mère se précipita dans sa chambre, le tira du lit et lui chuchota : « File à l'atelier avant que ton père ne sorte son orteil de la tapette, sinon ta dernière heure est arrivée. »

Zozo était en chemise et n'avait pas encore eu le temps de s'habiller.

« Ze veux emporter mon fusil en bois qu'Alfred m'a donné et ma "cache-tête", cria Zozo. Il saisit ses deux trésors et s'enfuit à toute allure vers l'atelier.

C'est là qu'on avait l'habitude de l'enfermer quand il avait fait une bêtise. Sa maman qui le suivait ferma le verrou de l'extérieur afin qu'il ne puisse pas s'échapper, et Zozo fit de même de l'intérieur, pour que son père ne puisse pas entrer. On était prévoyant des deux côtés !

Chaque fois qu'il était puni, enfermé dans l'atelier, Zozo taillait des bonshommes en bois, et il en avait déjà 97 ! Ils étaient bien alignés sur une étagère, et Zozo pensait arriver bientôt au centième. « Ce sera la fête, ce jour-là, et j'inviterai Alfred », se dit-il tout en taillant le bois du 98e bonhomme.

Les cris de son père se calmèrent petit à petit. Mais un hurlement beaucoup plus fort parvint à ses oreilles, et il se rappela que c'était aujourd'hui qu'on devait tuer la grosse truie. C'était donc elle qui hurlait

tant. Pauvre bête ! Le 28 juillet était un triste jour pour elle ! Que de malheurs ce jour-là !

Vers midi, Zozo fut relâché, et Ida, toute contente, lui dit en le voyant entrer dans la cuisine : « Chic ! On mange du boudin aujourd'hui ! » En effet, c'est la coutume de faire du boudin quand on tue un cochon.

Anna, la maman, était en train de mélanger le sang avec des petits morceaux de lard et des oignons dans une grande terrine.

« J'en mangerai dix-huit morceaux, dit Ida, qui avait les yeux plus grands que le ventre.

— Tu rigoles ! répliqua Zozo. Plus que papa ? Mais où est-il passé, papa ?

— Il se repose dehors », répondit sa petite sœur.

Zozo se pencha à la fenêtre et vit son

père couché sur l'herbe, son chapeau de paille lui couvrant la figure. Il portait son soulier droit et un énorme pansement à l'orteil gauche qui l'avait empêché de mettre sa chaussure. Zozo eut honte et regretta sa bêtise avec le piège à souris. Pour se rattraper et faire plaisir à son père, il saisit la terrine où se trouvait le sang et, se penchant à la fenêtre, il s'écria :

« Regarde, papa ; nous aurons du boudin pour midi ! »

Son père retira son chapeau et lui jeta un regard sombre.

« Regarde ! Tout ça de boudin ! » répéta Zozo ravi. Il tendit la jatte un peu plus loin pour mieux la montrer, et patatras ! il perdit l'équilibre : la terrine avec son contenu tomba juste sur la tête du père...

« Zut alors ! » murmura celui-ci pour rester poli.

Il était inondé de sang mais il garda son calme, resta étendu et reprit son souffle. Puis, encore surpris de ce qui lui était tombé dessus, il poussa un tel cri que tout le village l'entendit. La terrine lui couvrait la tête comme un casque, et tout le sang s'était répandu sur lui. La vieille Marie, qui

22

aidait à la buanderie, sortit et aperçut le papa de Zozo baignant dans le sang. Elle se mit à hurler plus fort que la truie qui venait d'être tuée, et retourna dans la buanderie annoncer l'affreuse nouvelle :

« Not' patron est mort, cria-t-elle. Zozo l'a tellement battu qu'il a perdu tout son sang », gémissait-elle.

La maman du terrible gamin comprit immédiatement ce qui était arrivé. Elle prit son fils par la main et fila à toute allure vers l'atelier. Zozo, n'ayant que sa chemise sur le dos, s'assit et se mit à tailler son

99e bonhomme de bois. Pendant ce temps, sa mère avait beaucoup de travail pour nettoyer son mari.

« J'espère que tu pourras en récupérer un peu et faire au moins quatre boudins, lui dit-il.

— Non. Ce qui est perdu est perdu. Nous mangerons des crêpes au lieu de boudin.

— Hi ! hi ! nous n'aurons rien à manger avant le dîner », pleura Ida. Apercevant le regard noir de son père à travers le sang qui lui barbouillait le visage, elle s'arrêta net.

Sur les ordres de la patronne, Lina prépara une belle pâte à crêpe, bien jaune et épaisse, et la laissa reposer dans la jatte que Zozo avait renversée sur son père.

Celui-ci, nettoyé, calmé et réconforté, partit dans les champs pour commencer à couper le seigle, en attendant que les crêpes soient prêtes.

Zozo fut libéré par sa mère. Il était resté si longtemps dans l'atelier qu'il devait bouger un peu, maintenant.

« Allons zouer au furet », proposa-t-il à sa petite sœur.

Ils se mirent à courir l'un derrière l'autre,

en essayant de s'attraper. Les deux enfants
se poursuivaient de la cuisine dans l'entrée,
de l'entrée dans les chambres, des chambres
dans la cuisine, et ainsi de suite. Courir,
toujours courir, à s'en faire tourner la tête !
Au dix-huitième tour, Zozo entra en courant dans la cuisine et se cogna contre Lina.
Elle tenait la terrine entre ses mains et se
dirigeait vers la cuisinière pour commencer
à faire les crêpes. En se cognant contre elle,
Zozo, histoire de la distraire, la chatouilla
un peu, chose à ne pas faire à Lina qui était
si chatouilleuse. « Oh ! là ! là ! », fit Lina en

se tortillant comme un ver, et elle lança la terrine en l'air. Juste à ce moment, le papa de Zozo arrivait, mort de faim, et la terrine rebondit sur son visage.

« Zut alors », dit-il encore une fois (ne pouvant en dire plus), la figure recouverte de pâte à crêpe.

La maman de Zozo accourut, reprit, pour la troisième fois, son fils par la main et le traîna vers l'atelier. Derrière lui, Zozo entendit les cris de son père, d'abord

assourdis par la pâte à crêpe, mais un peu plus tard, de tout le village, on put l'entendre crier.

De nouveau enfermé, Zozo taillait son 100e bonhomme de bois et il n'était pas du tout de bonne humeur. Lui qui pensait faire la fête avec Alfred à cette occasion ! Tout au contraire, il était fou de rage. Être enfermé trois fois dans la même journée, c'en était trop et ce n'était pas juste du tout.

« Ze ne peux pas m'empêcher de faire des blagues. Quel mal y a-t-il à mettre un piège à souris ? Pourquoi faut-il que ze me trouve touzours là où il ne faut pas ? près de la terrine de sang à boudin ou à bousculer Lina avec sa jatte de pâte à crêpe ? »

Ils s'aimaient pourtant bien, tous les deux, Zozo et son papa, mais les malheurs arrivent parfois en série, et c'était vraiment le cas aujourd'hui, ce samedi 28 juillet.

Zozo était dans l'atelier, et sa colère montait, montait... Comment fêter son 100e bonhomme un samedi soir avec Alfred qui avait bien autre chose à faire ?

D'habitude, Alfred s'asseyait avec Lina pour bavarder ou lui jouer de l'accordéon, et il n'avait pas le temps de faire la fête avec son copain Zozo. Il jeta brusquement son ciseau sur l'établi. La colère montait de plus en plus. Même Alfred ne l'aimait pas ; il se sentait abandonné, tout seul ; le monde entier était contre lui. Un samedi soir, il était là, tout seul, en chemise, n'ayant même pas eu le temps de s'habiller entre les aller et retour de la maison à l'atelier. Eh bien, ils allaient voir ce qu'ils allaient voir ! Mais soudain, il réalisa qu'il allait peut-être rester enfermé dans l'atelier toute sa vie, avec seulement sa chemise sur le dos, sa chère « cache-tête » sur le crâne, seul et oublié, le monde entier débarrassé de lui !

« Bon, alors inutile de venir dans mon atelier. Si papa a besoin de couper quelques bûches, tant pis ! qu'il se débrouille autrement. »

Quand la nuit commença à tomber, sa maman arriva, tira le loquet extérieur, poussa la porte et remarqua alors qu'elle était verrouillée de l'intérieur.

« N'aie pas peur, mon chéri. Papa est parti se coucher ; tu peux sortir. »

De l'intérieur de l'atelier, un énorme NON retentit.

« Pourquoi dis-tu non ? Ouvre la porte et sors, mon petit.

— Ze ne sortirai zamais plus d'ici, répliqua Zozo d'une voix sourde, et n'essaie pas d'entrer, sinon ze tire ! »

Sa mère l'aperçut, debout près de la fenêtre, son fusil de bois à la main. Tout d'abord, elle ne le prit pas au sérieux ; mais quand elle comprit ce qu'il faisait là-haut, elle courut en pleurant réveiller son mari.

« Zozo s'est enfermé dans l'atelier et ne veut plus en sortir, dit-elle en reniflant. Qu'allons-nous faire ? »

La petite sœur se réveilla aussi et commença à pleurnicher. Ils se dirigèrent tous vers l'atelier, le père, la mère et la petite Ida. Alfred et Lina, qui bavardaient assis sur l'escalier des communs, les rejoignirent. Tous devaient aider pour faire sortir Zozo. Le père, d'abord, cria d'un ton ferme :

« Eh bien, mon garçon, tu sortiras quand tu auras faim.

— D'accord », répondit Zozo.

Son père ne pouvait pas deviner que, derrière l'établi, son petit garçon avait des provisions dans une boîte. Rusé comme un renard, Zozo avait pensé à tout pour ne pas souffrir de la faim, enfermé dans ce maudit atelier. Comme il ne savait jamais ni quel jour, ni combien de temps il pouvait rester à moisir ici, il y avait toujours quelque chose à grignoter dans sa boîte.

Cette fois, il avait du pain, du fromage, deux morceaux de jambon, une bonne provision de cerises et des biscottes. Des soldats ont soutenu des sièges avec beaucoup moins que ça !

L'atelier était pour Zozo un camp de retranchement, et il pensait pouvoir se défendre contre ses ennemis. Crânant comme un général, il montait la garde près de la lucarne et visait avec son fusil.

« Ze tire sur le premier qui s'approche, cria-t-il.

— Zozo, mon chéri, ne parle pas comme ça ; sors de là », implorait sa mère. Rien n'y faisait. Il était têtu comme un âne. Alfred aussi intervint :

« Écoute, Zozo, sors, et nous irons nous baigner dans le lac, toi et moi. »

Rien à faire. Au contraire, Zozo lui répondit avec rancune :

« Continue tes bavardages avec Lina ; moi, ze reste ici. »

Comme ni les menaces ni les prières ne changeaient la situation, ils décidèrent tous d'aller se coucher. C'était un bien triste samedi soir ! La maman de Zozo pleurait à chaudes larmes, son papa poussait de gros soupirs en se recouchant. Son petit garçon qui d'habitude dormait là, tout près de lui dans son petit lit, sa tête frisée appuyée sur son coude, avec son fusil et sa « cache-tête », lui manquait beaucoup. Lina, elle, ne regrettait pas du tout Zozo et ne voulait pas aller se coucher. Elle désirait rester tranquillement assise près d'Alfred et semblait heureuse de savoir Zozo enfermé dans l'atelier.

« Combien de temps ce diable de gamin va-t-il rester là ? » dit-elle à voix basse en allant tout doucement remettre le loquet extérieur, sans qu'Alfred s'en aperçoive. Il jouait de l'accordéon et chantait :

> *Le brave petit soldat*
> *traderidera, traderidera*
> *la guerre terminée*
> *à la maison est rentré.*

Zozo, assis sur des bûches, suçait son

pouce et l'entendait chanter. Lina, accrochée au cou d'Alfred, bavardait comme de
coutume, et lui, comme de coutume répon-
dait :

« Mais oui, mais oui, on va se marier, toi
et moi, puisque tu le veux ; mais rien ne
presse !

— J'attends déjà depuis un an », répliqua l'inflexible Lina.

Alfred, lui, regrettait son ami et chantait
toujours. Zozo l'entendait et pensait que ce
serait drôlement agréable d'aller se baigner
dans le lac avec Alfred.

« Ze pourrais aller me baigner un
moment avec Alfred et revenir à l'atelier »,
se dit-il.

Il se précipita vers la porte et tira le
loquet intérieur. Mais la porte ne s'ouvrit
pas malgré tous ses efforts puisque la
méchante Lina avait remis le loquet extérieur. Zozo comprit tout de suite qui lui
avait joué ce mauvais tour. « Elle va le
payer », se dit-il. Il commença à regarder
autour de lui et à examiner la situation :
sortir par la fenêtre ? Impossible ! Une
autre fois où il avait été enfermé, il s'était
échappé par cette fenêtre. Depuis, son père

avait cloué une grosse planche en travers pour que son fils ne puisse pas recommencer et tomber dans les orties qui poussaient juste en dessous. Ni par la porte, ni par la fenêtre ? Appeler au secours ? Jamais de la vie ! Alors, comment faire ?

Il examina attentivement la cheminée qui servait en hiver. « Eh bien, ze sortirai par là ! » Il se faufila dans l'ouverture parmi les cendres de l'hiver précédent qui salissaient ses pieds nus et se mélangeaient à ses larmes. Il leva la tête, regarda le conduit et aperçut quelque chose d'amusant : dans le trou, juste au-dessus de lui, était assise une grosse lune toute rouge qui le regardait.

« Bonsoir, Lune, dit Zozo ; tu vas voir quelqu'un qui sait grimper. »

Et il se mit en route. C'est drôlement difficile de grimper à l'intérieur d'une cheminée toute noire de suie. Mais malgré toutes les difficultés, rien ne pouvait arrêter Zozo. Lina, la méchante fille, était toujours assise sur l'escalier, les bras passés autour du cou d'Alfred, et elle bavardait, bavardait...

Comme Zozo l'avait prévu, il allait lui en faire voir ! Elle leva soudain la tête pour regarder la lune et poussa un cri strident qui résonna dans tout le village.

« Un lutin, criait-elle, il y a un lutin assis sur la cheminée ! »

En Suède, des légendes racontent que des lutins très laids et malfaisants se promènent dans les forêts et au bord des lacs. Lina se souvenait d'en avoir entendu parler dans son enfance, et elle était persuadée d'en voir un là, tout noir de suie, affreux à regarder. Alfred aussi aperçut le lutin et il éclata de rire.

« Ce petit lutin, je le reconnais. Descends, Zozo. »

Le gamin se tenait sur le toit, avec sa chemise toute noire, fier comme un général. Il leva son poing vers le ciel et cria à tue-tête pour que tout le monde l'entende :

« Il faut démolir ce maudit atelier tout de suite. Zamais plus ze ne resterai enfermé là-dedans. »

Alfred se prépara à recevoir Zozo, toujours debout sur le toit. Il ouvrit les bras et lui cria : « Saute ! » Zozo sauta et tomba juste entre ses bras. Ils se dirigèrent tous les deux vers le lac et se baignèrent. Zozo en avait bien besoin !

« Je n'ai jamais vu pareil phénomène »,
dit Lina très en colère, et elle partit se coucher dans la cuisine.

Dans les eaux tièdes du lac de la Pommeraie, Zozo et Alfred nageaient parmi les

nénuphars, et la lune rousse, telle une lanterne, brillait pour eux.

« Toi et moi, Alfred, dit Zozo.

— Oui, toi et moi, Zozo », répondit Alfred, tout ému.

Un très large rayon de lune traversa le lac, mais tout autour, sur le rivage, l'obscurité était complète. C'était la nuit et la fin de ce fameux 28 juillet. Mais les jours se suivent, apportant de nouvelles farces.

La maman de Zozo raconta tant de choses dans son cahier bleu qu'il était tout rempli du haut en bas et même sur les côtés.

« Ce sera bientôt le jour du marché à la ville et il faudra que j'achète un autre cahier. »

Comment Zozo
se procura un cheval
et effraya
Mme Petrell
et toute la ville
de Vimmenty

Mercredi 31 octobre

Ce dernier mercredi d'octobre, se tenaient à la ville le grand marché et la foire. Dès l'aurore et jusque tard dans la nuit, c'était la bousculade et la vie mouvementée.

Tout le monde s'y rendait, de tous les villages environnants, sans oublier Lonneberg. L'un, c'était pour y vendre des bœufs ou pour acheter des veaux, un autre pour échanger des chevaux et rencontrer des gens. Les jeunes filles cherchaient un fiancé et dansaient la bourrée tout en dégustant des sucettes. Bref, chacun cherchait à faire la fête à sa manière. Même Lina avait dit un jour à la maman de Zozo que les meilleurs moments de l'année pour elle, c'était Noël, Pâques et le jour du grand marché à la ville.

C'est pourquoi, ce 31 octobre, tous les villageois se rendaient à la ville. Dès cinq heures du matin, encore dans l'obscurité, Alfred attelait les deux chevaux, Marcus et Julie, à la grande voiture pour emmener tout le petit monde de la Pommeraie. Seule, la vieille Marie restait à la maison pour soigner les bêtes.

« Pauvre Marie ! tu ne veux pas venir au marché ? demanda Alfred, qui était un brave garçon.

— Je ne suis pas folle, lui répondit-elle. Aujourd'hui arrive sur terre la grande

En route pour la foire .....

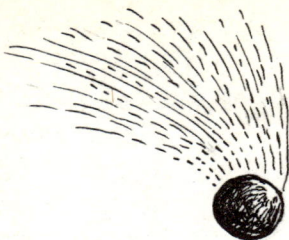

une comète

comète, et je veux mourir à Lonneberg où je suis née. »

En effet, tout le pays parlait de la grande comète et l'attendait. Le journal avait annoncé son arrivée pour le 31 octobre. Elle devait tomber tout en feu et ferait fondre la croûte terrestre, qui craquerait en mille morceaux.

Que savons-nous des comètes ? Ce sont peut-être les petits morceaux d'une étoile qui se détachent et qui se promènent de-ci, de-là dans l'espace, avant de retomber sur terre.

Cette comète effrayait la population, car elle pouvait tout d'un coup mettre fin à toutes les bonnes choses sur terre.

« Bien sûr, ce monstre doit arriver juste le jour du marché, dit Lina toujours hargneuse. Tant pis ! il n'arrivera peut-être que très tard ce soir, et on aura pu bien profiter de toute la journée. »

Elle s'était installée au fond de la voiture, bien serrée contre Alfred. Anna Svensson était assise devant avec sa fille sur les genoux et Antoine avec Zozo sur les siens. Devine qui tenait les rênes ? Zozo, naturellement ! Bien que très jeune, il savait conduire les chevaux. Alfred lui avait tout appris : comment soigner les chevaux, les dresser, les faire obéir, à tel point qu'il était le garçon le plus calé du village.

Il avait plu pendant la nuit, et le brouillard, tel un drap, recouvrait le paysage, en ce petit matin d'octobre.

Tout le monde était content, sauf la vieille jument, Julie, qui aurait préféré rester à l'écurie.

Zozo tarabustait son père depuis longtemps pour lui faire acheter un jeune cheval. Ce serait l'occasion aujourd'hui, puisqu'on allait à la foire.

« La vieille Julie doit tenir encore quelques années, c'est comme ça et je n'y peux rien », avait répondu le père.

Julie trottait courageusement le long des côtes, et Zozo, qui l'aimait bien, lui chan-

anna et sa petite fille

tait un petit refrain pour l'encourager :

> *Ma bonne vieille zument*
> *ne file pas comme le vent,*
> *mais qu'est-ce que ça peut faire ?*
> *Elle a quatre bons fers*
> *et de son pas tranquille*
> *me conduit à la ville.*

Une fois arrivé à la ville, il fallut trouver une place pour Marcus et Julie près du champ de foire. Puis, chacun s'en fut de son côté.

Anna, sa petite fille accrochée à sa jupe,

zozo et son père

partit acheter un gros cahier bleu et vendre
de la laine et des œufs au marché.

Lina voulait aller boire un café avec
Alfred.

Zozo voulait rester avec son père sur le
champ de foire, car c'est un spectacle à ne
pas manquer : tous les maquignons avec
leurs chevaux à vendre, les marchands de
bestiaux, bœufs, vaches et veaux, toute
cette vie, cette foule — le père n'était pas
contre. Il ne voulait rien acheter, seulement
jeter un coup d'œil.

« N'oublie pas que nous sommes invités
pour le déjeuner chez Mme Petrell à midi

juste, lui avait dit sa femme avant de le quitter.

— Je n'oublierai pas un tel événement », avait-il répondu, et il était parti avec son fils.

Zozo n'était pas là depuis cinq minutes qu'il aperçut le cheval de ses rêves. Son cœur se mit à battre très fort. Un beau petit cheval brun. C'était une jeune bête, de trois ans environ. Il était attaché à une barrière. Il regarda Zozo avec des yeux si doux, comme pour lui dire : « Achète-moi ! » Zozo ne demandait pas mieux !

Entre-temps, il avait perdu de vue son père et il partit à sa recherche. Comme il se sentait malheureux ! Parmi tous les paysans sifflant, criant ou riant, les chevaux qui hennissaient et piaffaient, les beuglements des bœufs et des vaches, le papa de Zozo avait disparu dans tout ce tohu-bohu.

« C'est touzours comme ça ! papa n'est zamais là quand il le faut », se dit-il, furieux.

C'était très urgent. En effet, un maquignon était en train d'examiner le cheval de Zozo.

« Quel est le prix de cette bête ? deman-da-t-il au paysan qui le vendait.

— Trois cents couronnes », répondit celui-ci.

A ces mots, Zozo reçut un coup de poing à l'estomac. Arracher trois cents couronnes à son père, autant les demander à la lune !

« Ze dois quand même essayer », se dit-il, toujours aussi têtu.

Il courait de droite à gauche, de plus en plus excité, et sautait sur chaque paysan qui ressemblait à son père... Ce n'était jamais Antoine Svensson de Lonneberg ! Mais Zozo avait toujours des idées. Sur le champ de foire, se dressait un mât. Zozo, tout à coup, grimpa jusqu'en haut pour se faire remarquer, et, de toutes ses forces, il cria :

« Qui me reconnaît ? Mon père a dis-paru. »

A ce moment, parmi la foule des paysans et des animaux, quelqu'un secoua violem-ment le mât. C'était bien sûr son papa, qui le fit descendre en vitesse, et le cueillit comme une pomme tombant d'un pom-mier.

« Sale gamin ! Pourquoi n'es-tu pas resté à la maison ? Tu te sauves à la première occasion ! »

Zozo ne répondit pas ; il n'avait pas de temps à perdre.

« Viens, il y a là-bas un cheval que tu dois voir », lui dit-il seulement.

Malheureusement, le cheval était déjà vendu, et ils arrivèrent juste à temps pour voir le maquignon sortir les billets de son portefeuille et les donner au paysan. Zozo se mit à pleurer.

un joli petit cheval

« C'est vraiment un beau cheval, dit l'acheteur.

— Oui, oui, et il est très gentil, ajouta le paysan.

— Mais il n'est pas ferré, dit le maquignon ; je vais m'en occuper avant de rentrer chez moi.

— Allons, Zozo, ne pleure pas ; viens, on va acheter plein de sucettes », lui dit gentiment son papa.

Sur la place du marché, près du marchand de bonbons, Antoine rencontra un voisin du village. Il commença à discuter avec lui et oublia Zozo. Celui-ci, les yeux emplis de larmes, léchait sa sucette en pensant à « son cheval ». Parmi la foule, il aperçut Alfred, accompagné de l'éternelle Lina. Pauvre garçon ! Il était épuisé : Lina l'avait fait repasser dix-sept fois devant la vitrine du bijoutier, pour lui faire acheter une bague de fiançailles, mais elle n'était pas arrivée à le faire entrer dans la boutique.

Alfred fut tout heureux de retrouver son grand ami, qui le sauvait pour le moment. Zozo lui raconta l'histoire du cheval, et ils en rêvèrent ensemble.

Alfred et Lina allèrent jeter un coup d'œil sur Julie et Marcus, tandis que Zozo se mettait de nouveau à la recherche de son père pour aller déjeuner chez Mme Petrell.

Il repassa devant tous les marchands de bonbons, les artisans qui vendaient des paniers, des cruches, des brosses, le vendeur de ballons, le joueur d'orgue de Barbarie.

« Rien à faire ! Il a encore disparu, se dit Zozo. La prochaine fois, papa restera à la maison. Z'en ai assez de courir derrière lui. »

Il était débrouillard et savait à peu près où demeurait la fameuse Mme Petrell. C'était une des dames importantes de la ville, et elle habitait une jolie maison blanche avec une véranda, quelque part près de la Grand-Rue.

Très gourmande, elle venait souvent à la Pommeraie au moment des fêtes pour se régaler avec la bonne cuisine de Mme Svensson. Aussi devait-elle rendre pour une fois l'invitation, et le jour du marché était une bonne occasion. Elle était assez avare.

« Un pâté de poisson réchauffé avec des pommes de terre, et une compote de myrtilles comme dessert, ce sera bien assez pour eux », se dit-elle.

A midi, M. et Mme Svensson et la petite Ida étaient déjà assis autour de la table, dans la véranda.

« Ce petit diable ! toujours à courir à droite et à gauche ! La prochaine fois, il faudra que je l'attache à ma ceinture, dit le papa de Zozo.

— Je vais aller le chercher, dit sa maman, en se levant de table.

— Non, c'est inutile, je l'ai déjà cherché partout, répondit son mari.

— Ne vous tracassez pas. Je connais bien Zozo, il est intelligent, et je suis sûre qu'il trouvera ma maison », ajouta Mme Petrell pour rassurer les parents.

Elle avait raison : Zozo arrivait devant

la maison du maire   la maison de m^{me} Petrell

sa porte lorsqu'il aperçut quelque chose qui l'intrigua : à côté de Mme Petrell habitait le maire de la ville, dans une belle maison entourée d'un grand jardin. Un petit garçon, monté sur des échasses, se promenait au milieu des pommiers. C'était Geoffroy, le fils du maire. Il aperçut Zozo, perdit l'équilibre et tomba dans un buisson de lilas.

Est-ce que tu es déjà monté sur des échasses ? Si tu as essayé, tu sais alors qu'il n'est pas si facile de garder l'équilibre, perché sur deux grands bâtons, avec seulement deux petits appuis sous les pieds.

Geoffroy se releva vite et dévisagea Zozo avec intérêt.

Quand deux petits garçons du même âge se rencontrent pour la première fois, ils se regardent en silence, et une petite flamme s'allume dans leurs yeux.

Zozo et geoffroy

« Elle est chouette, ta casquette ! Tu me la prêtes ? dit Geoffroy.

— Non, répondit Zozo, mais toi, tu vas me prêter tes « essaches ».

— Tu n'y arriveras pas. C'est drôlement difficile.

— On va bien voir », répliqua Zozo.

Zozo était effronté et n'avait pas sa langue dans sa poche. En un clin d'œil, il fut sur les échasses, et il se baladait entre les pommiers. Le déjeuner chez Mme Petrell était oublié.

Dans la véranda, les Svensson avaient déjà avalé le pâté de poisson, dont les portions étaient bien petites. Il était temps de passer au dessert. Un grand saladier, empli à ras bord de compote de myrtilles, trônait au milieu de la table.

« J'espère que vous avez encore un peu d'appétit », dit la pingre Mme Petrell.

Elle, par contre, n'avait plus faim (elle avait avalé un énorme sandwich avant le déjeuner) mais elle jacassait, elle jacassait. La comète était son grand sujet de conversation, comme partout en ville ce jour-là.

« Ce serait épouvantable, si la comète arrivait ! Ce serait la fin du monde, disait-elle.

— C'est vrai, qui sait ? Cette compote de myrtilles est peut-être la dernière que nous mangeons, dit Mme Svensson, et aussitôt son mari tendit son assiette.

— Encore un peu, s'il vous plaît ! Je fais des réserves ! »

Tandis que Mme Petrell s'apprêtait à le

servir, quelque chose fut précipité à travers la grande vitre de la véranda, accompagné d'un fracas terrible et d'un cri strident. En une seconde, la pièce fut jonchée de débris de verre et de compote de myrtilles.

« La comète ! » hurla Mme Petrell, qui tomba évanouie sur le plancher.

En fait de comète, c'était notre Zozo, qui s'était jeté à travers la fenêtre comme un boulet de canon, et était tombé tête la première dans le saladier. La compote avait

giclé partout. Ah ! quelle ambiance ! La maman de Zozo criait, son père était cramoisi et la petite Ida pleurait. Seule, Mme Petrell était calme, inanimée, sur le plancher.

« Va vite à la cuisine chercher de l'eau froide, cria le père, il faut lui mettre une compresse sur le front. »

Sa femme courut aussi vite que possible, suivie de son mari qui courait aussi pour l'aider.

Zozo se tira lentement du saladier, le visage tout bleu, de la couleur de la compote.

« Pourquoi es-tu toujours aussi glouton ? » lui dit Ida.

Zozo ne répondit pas. Geoffroy avait raison : on ne peut pas sauter une barrière avec des échasses aux pieds. L'expérience était faite. Il aperçut soudain la pauvre Mme Petrell toujours à terre sans connaissance, et il eut pitié d'elle.

« Les parents prennent beaucoup de temps pour apporter un peu d'eau ; il faut faire vite ! »

Zozo n'était pas manchot. Il saisit le saladier de compote et en aspergea le visage de

Mme Petrell. Croyez-le ou non, le résultat fut immédiat :

« Burk ! fit Mme Petrell, en se redressant rapidement.

— Ça y est ! ze l'ai guérie », dit fièrement Zozo, quand enfin ses parents revinrent de la cuisine avec de l'eau. Furieux, son père le regarda et lui dit :

« Je connais quelqu'un qui sera guéri dans l'atelier dès le retour à la maison. »

Il fallut mettre un peu d'ordre dans la véranda, et Mme Svensson soigna Mme Petrell. Zozo voulait aider son père à remplacer la vitre brisée, mais celui-ci ne lui permit pas d'approcher.

« Ote-toi de là, et file. Ne reviens pas avant notre retour à la maison. »

Zozo ne demandait que ça. Il voulait bavarder encore un peu avec Geoffroy, son nouveau copain, mais la faim lui tiraillait l'estomac.

« Y a-t-il quelque chose à manger chez toi ? demanda-t-il à Geoffroy qui l'attendait, debout derrière la barrière.

— Ça oui, j'en suis sûr. C'est aujourd'hui l'anniversaire de papa et il y a une grande fête ce soir à la maison pour ses cinquante ans. Le garde-manger est plein à craquer.

— Bon, alors, ze vais goûter un peu à tout, pour voir si c'est assez salé », répliqua Zozo avec humour.

Geoffroy fila vers la cuisine et revint avec une assiette emplie de bonnes choses : des saucisses, des boulettes de viande, du pâté en croûte. Ils dévorèrent le tout, chacun d'un côté de la barrière, et Zozo fut bien content et rassasié.

« Ce soir, nous faisons un feu d'artifice pour papa. Le plus beau qu'on ait jamais vu ici. »

Zozo n'avait jamais vu de feu d'artifice : ce genre de distraction n'existait pas dans son village, et il regretta profondément de ne pouvoir assister à ce spectacle. Toute sa famille rentrait le soir même à la ferme.

« Quelle mauvaise journée ! soupirait-il. Pas de cheval, pas de feu d'artifice. » Seul, l'atelier l'attendait à son retour. Beau résultat !

Les deux garçons se séparèrent tristement, et Zozo partit à la recherche d'Alfred, son vrai et seul ami. Mais où le trouver ? Les rues étaient pleines de monde, et pas d'Alfred dans la foule. La nuit tombe vite. Les paysans des villages environnants se préparaient à regagner leur ferme, et les gens de la ville rentraient chez eux. Toujours à la recherche d'Alfred, au hasard des petites rues, Zozo entendit soudain un énorme vacarme qui provenait d'une grande et sombre maison. Des hommes criaient et juraient autour d'un cheval qui ruait. Zozo se faufila à travers le porche grand ouvert pour voir ce qui se passait.

Sous un hangar, il aperçut une forge de maréchal-ferrant, et grâce à la lueur du foyer, il découvrit son petit cheval brun, entouré de tous ces gens excités. Pourquoi cette pagaille ? Tout simplement parce que

58

le petit cheval brun n'était pas d'accord
pour se laisser ferrer.

Dès que le maréchal-ferrant essayait de
lui soulever la patte, il se mettait à ruer, à
piaffer, à hennir, à devenir fou.

Le pauvre homme s'arrachait les cheveux
et ne savait plus que faire. « J'ai ferré bien
des chevaux dans ma vie, mais jamais un
comme ça ! »

Sais-tu ce que fait le maréchal-ferrant ?
C'est un homme qui pose des fers aux
sabots des chevaux pour que ceux-ci ne se
fassent pas mal aux pattes, exactement
comme toi qui portes des chaussures pour
te protéger les pieds.

Malheureusement, le petit cheval brun
en avait décidé autrement, et ne supportait

pas les fers. Il restait très calme tant qu'on ne touchait pas sa patte arrière, mais dès qu'on effleurait celle-ci de la main, le cirque recommençait. Six garçons essayaient de le maintenir, et le maquignon qui venait de l'acheter était de plus en plus furieux.

« Je vais essayer moi-même », dit-il. Il saisit avec colère une des pattes de derrière du cheval, mais il reçut un coup de pied qui le fit tomber dans une flaque d'eau. Un des paysans qui assistaient à la scène raconta : « Croyez-moi, c'est un cheval qu'on ne peut pas ferrer ; au village, on a essayé au moins vingt fois ! » Le propriétaire du cheval comprit alors qu'il avait été roulé en l'achetant, et fou furieux, il s'écria :

« Débarrassez-moi de cette sale bête ; je ne veux plus la voir. »

Et qui se présenta alors ? Zozo, bien sûr !

« Ze m'en charge », dit-il.

Le maquignon éclata de rire : « Toi ? Petit vantard, va ! Ben, tu auras ce cheval si tu arrives à le maintenir le temps de poser les fers. »

Les paysans se remirent à rire, car tous

savaient que personne n'y arriverait jamais. Mais Zozo n'était pas bête. Il savait s'occuper des chevaux mieux que quiconque dans toute la province. A voir le petit cheval brun piaffer, hennir et ruer comme un diable, Zozo se dit : « Il ressemble exactement à Lina quand on la chatouille ! » C'était la vérité, et seul Zozo l'avait deviné. Le petit cheval était tout simplement très chatouilleux.

Zozo s'approcha de lui, saisit sa tête entre ses deux petites mains solides.

« Oh ! dis donc, ze vais te ferrer, et ce n'est pas le moment de faire des histoires. Ze te promets de ne pas te chatouiller. » Il

saisit brusquement la patte de derrière du cheval et la souleva. Le cheval tourna la tête et regarda gentiment Zozo pour savoir ce qu'il voulait faire.

« Apporte le fer à cheval, dit Zozo au maréchal-ferrant. Ze tiens la patte. »

Un murmure passa dans l'assistance et continua pendant que Zozo aidait l'homme à poser les quatre fers.

Quand tout fut terminé, le maquignon commença à se tortiller. Il se rappelait ce qu'il avait promis devant tout le monde, et il ne voulait pas tenir sa promesse. Il sortit un billet de cinq couronnes de sa poche, et le tendit à Zozo en disant : « Ça suffit bien comme ça. » Mais les paysans qui avaient tout vu se mirent en colère, car ils étaient tous honnêtes et justes :

« N'essaie pas de tromper Zozo, lui dirent-ils. Le cheval est à lui. »

Ainsi fut fait. Le maquignon était riche, tout le monde le savait, et il devait tenir sa promesse pour garder sa réputation.

« Et puis, zut ! trois cents couronnes, ce n'est pas la fin du monde. Prends le cheval, et fiche le champ », dit-il de fort mauvaise humeur.

Zozo était fou de joie. Il bondit sur son cheval et passa le porche comme le plus grand général. Tout le monde applaudit sa sortie.

Zozo traversa le marché, tout fier et heureux, et dans la Grand-Rue, au milieu de la foule, il rencontra Alfred. Tout surpris, celui-ci lui demanda : « Bon sang ! d'où vient ce cheval ?

— C'est le mien, répondit Zozo ; il s'appelle Lucas et ze peux t'assurer qu'il est aussi chatouilleux que Lina.

— Nous rentrons à la maison ; tout le monde est en train d'atteler », lui dit Alfred.

La fête finissait. Les gens de la Pommeraie s'en retournaient chez eux. Avant de
partir, Zozo voulut absolument montrer
son cheval à Geoffroy, son nouvel ami.

« Dis à papa que z'arrive dans cinq
minutes. » Et il galopa dans la brume d'octobre vers la maison du maire. Toutes les
fenêtres étaient illuminées, et on entendait
les rires et les conversations. La fête battait
son plein. Geoffroy, qui n'aimait pas les
fêtes, avait retrouvé ses échasses et se promenait dans le jardin. Quand il aperçut
Zozo approcher à cheval, de stupeur, il
retomba dans le buisson de lilas.

« A qui est ce cheval ? lui demanda-t-il
aussitôt.

— A moi, dit Zozo. Il est à moi. »

Geoffroy ne voulait pas le croire, mais
après les explications de Zozo, il fut très en
colère, parce que très jaloux. Il avait tellement harcelé son père pour avoir un cheval, il l'avait harcelé encore et encore, du
matin au soir. Mais il obtenait toujours la
même réponse : « Tu es encore trop petit ;
pas un seul garçon de ton âge n'a de cheval. »

Quel beau mensonge !

64

Et voilà Zozo qui arrivait avec son cheval. Si seulement son père pouvait le voir
de ses propres yeux !

« Papa est à table, en train de se régaler,
entouré d'un tas d'imbéciles qui ne pensent
qu'à boire, à manger et à discuter », lui dit
tristement Geoffroy, les larmes aux yeux.

Zozo eut de la peine pour lui. Puisque le
maire ne pouvait pas venir voir le cheval, le
cheval, lui, pouvait aller voir le maire. Ce
n'était pas compliqué. Il fallait simplement
monter l'escalier, passer la porte, traverser
l'entrée et arriver dans la salle à manger.
Geoffroy devait seulement ouvrir les portes
et les tenir.

Voir un cheval entrer en plein dîner a de
quoi surprendre, et toute l'assistance le
regarda comme une bête curieuse. Ah !
quelle belle bête ! surtout pour Monsieur le
Maire ! Il sursauta, courut de droite et de
gauche et avala de travers un morceau de
gâteau. Il resta sans voix lorsque Geoffroy
lui cria :

« Que dis-tu maintenant ? Tu vois qu'il
existe un petit garçon qui a un cheval. »

La frayeur se transforma en spectacle
et chacun voulut caresser Lucas. Zozo,

assis sur son cheval, était au paradis.

Un vieux commandant de cavalerie voulut montrer son savoir et se mit à pincer les pattes arrière de Lucas. Oh ! là ! là ! Il apprit à ses dépens à quel point cet animal était chatouilleux : à l'instant même, les deux pattes arrière se levèrent et envoyèrent valser une petite table sur laquelle se trouvait le gros gâteau d'anniversaire. Le tout vola à travers la pièce et atterrit avec un plouf ! sur la figure de Monsieur le Maire.

« Burk ! » dit celui-ci.

Tout le monde pouffa de rire en cachette, sauf la femme du maire. Elle se précipita vers son mari, une pelle à tarte à la main. Elle lui dégagea deux trous au niveau des yeux, pour qu'il puisse savoir ce qui lui était arrivé le jour de ses cinquante ans.

Zozo se souvint tout à coup qu'il devait rentrer au village et il trotta vers la sortie. Geoffroy le suivit en courant, car il ne voulait pas se séparer de Lucas. Ils se dirent au revoir près de la grille :

« Tu en as de la chance, dit Geoffroy en caressant pour la dernière fois le petit cheval brun.

— Ça, c'est bien vrai, répondit Zozo.

— Pour me consoler, ajouta Geoffroy, nous aurons le feu d'artifice. Regarde, les pétards sont préparés le long de la barrière et dans les massifs de fleurs. »

Zozo hésita un instant. Bien sûr, il était très pressé, mais d'un autre côté, il n'avait encore jamais vu de feu d'artifice. Que faire ?

« On pourrait peut-être allumer un pétard, pour voir si tout va bien », dit-il à Geoffroy.

Son ami ne réfléchit pas longtemps : il saisit un pétard qui était posé sur la barrière. Zozo sauta à terre.

« Vite, donne-moi une allumette » — et pfii, pfii, pfii, la petite fusée sauta en l'air. C'était vraiment très beau ! Les étincelles retombaient de-ci de-là dans le jardin, près des autres pétards tout préparés. Les habitants de la ville étaient encore dans les rues à rire ou à crier, sans savoir ce qui les attendait : un joyeux événement ou bien un grand malheur.

Soudain, le ciel s'illumina là-bas, au-dessus de la maison du maire. Tout craquait, sautait, pétaradait, crépitait, c'était à ce point effrayant que la population était morte de peur.

« La comète, hurlaient les gens. Au secours ! nous mourons ! »

Un immense hurlement et un sanglot s'élevèrent de la foule. Chacun pensait que la fin du monde était arrivée. Seule, Mme Petrell restait calme ; assise dans sa véranda, elle avait vu le pétard dans le ciel.

« Ce n'est pas la comète, dit-elle à son chat. Je parie tout ce que tu veux que c'est encore une farce de Zozo. »

Elle avait encore une fois raison.

Personne ne peut dire si c'est Zozo ou son petit pétard qui déclencha tout le feu d'artifice. Le maire était là, furieux, sursautant à chaque fois qu'un pétard explosait près de lui.

« Maintenant, tu as vu le feu d'artifice », dit Geoffroy.

Les deux amis se turent et attendirent que Monsieur le Maire finisse de tourner en rond comme un gros bourdon.

Lorsque l'attelage de la Pommeraie se mit en route, tous les pétards, fusées, étincelles étaient éteints. Seules, les étoiles luisaient au-dessus des collines. Le bois et la route étaient noirs mais Zozo était heureux et chantait, assis sur son cheval. Son papa conduisait la voiture, très satisfait de son fils. Zozo avait effrayé Mme Petrell ainsi que toute la ville avec ses farces et l'histoire de la comète, mais il était arrivé à se trouver un cheval gratuitement. Aucun petit garçon du village n'était aussi débrouillard que Zozo, et, pour cette fois, il n'y aurait pas d'atelier pour lui au retour.

Antoine Svensson était de très bonne humeur : avant de quitter la ville, il avait

rencontré un vieux copain qui lui avait payé plusieurs bières. En général, le papa de Zozo ne buvait pas de bière, mais il ne refusait pas quand quelqu'un lui en offrait. Il faisait tourbillonner le fouet et disait d'une voix pâteuse :

« Mon vieux ! nous voilà de retour à la Pommeraie !

— Oh ! là ! là ! ajouta sa femme, heureusement qu'il n'y a pas marché tous les jours, sinon les retours à la maison ne seraient pas tristes ! »

Sur ses genoux, la petite Ida dormait, son souvenir du marché sur son cœur : une corbeille en porcelaine garnie de petites roses. Sur la banquette arrière, Lina dormait, appuyée contre l'épaule d'Alfred. Comme son patron, il était bien gai, et il surveillait Zozo qui trottait à côté d'eux.

« Demain, nous nous occuperons du fumier ; ce sera amusant, lui dit-il.

— Demain, ze serai sur mon cheval ; ce sera encore plus amusant », lui répondit Zozo.

La voiture aborda le dernier tournant de la route et on apercevait déjà les lumières de la Pommeraie. Dans la cuisine, la vieille Marie avait préparé le repas et attendait leur retour.

On pourrait croire que Zozo cesserait de faire des farces, maintenant qu'il avait son cheval. Eh bien, pas du tout ! Détrompe-toi ! Pendant deux jours, il se promena sur Lucas, mais dès le troisième jour, c'est-à-dire le 3 novembre, il était prêt à recommencer. Vraiment, là, c'en était trop, et la maman de Zozo ne l'a même pas raconté dans son journal tellement la bêtise était énorme. Alors, on l'oublie et on va plutôt raconter ce que Zozo inventa le lendemain de Noël de cette même année.

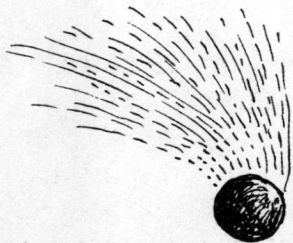

Comment Zozo vida le garde-manger, et ce qu'il trouva dans la trappe aux loups

Lundi, 26 décembre

Avant que Noël n'arrive, il faut que passe l'automne, frais, humide et sombre, et ce n'est drôle nulle part, à la Pommeraie pas plus qu'ailleurs. Alfred marchait derrière les bœufs, sous la pluie, pour labourer les champs. Derrière Alfred, marchait Zozo. Il l'aidait en criant pour encourager les bœufs, qui étaient lents et impossibles : ces bêtes ne comprennent pas à quoi ça sert de labourer.

La nuit tombait vite. Alfred détacha les bœufs, et, lentement, ils rentrèrent à la ferme. En les voyant pénétrer dans la cuisine avec leurs bottes pleines de boue, Lina se mit en colère : elle craignait pour son plancher qu'elle venait juste de nettoyer.

« Elle est tellement maniaque, dit Alfred, que celui qui se mariera avec elle n'aura qu'à bien se tenir !

— C'est pourtant ce qui va t'arriver », dit Zozo.

Alfred se tut et se mit à réfléchir.

« Tu vois, ça ne m'arrivera pas, finit-il par dire. Je n'ose pas, non, vraiment, je n'ose pas lui dire.

— Si tu veux, moi ze peux », répondit Zozo qui était courageux et n'avait pas froid aux yeux. Mais Alfred refusa.

« Il faut y aller doucement pour ne pas lui faire de peine. »

Il réfléchit encore longuement pour

savoir comment dire à Lina qu'il ne voulait pas l'épouser.

Les longues nuits d'automne pesaient lourdement sur la Pommeraie. Dans la cuisine, il fallait allumer les lampes à pétrole dès trois heures de l'après-midi. Tous s'y réunissaient et chacun s'occupait de ses affaires : la maman de Zozo, assise devant son rouet, filait la laine blanche avec laquelle elle ferait des chaussettes pour ses enfants. Lina cardait de la laine, et la vieille Marie l'aidait quand elle venait à la ferme. Le papa de Zozo raccommodait lui-même tous les souliers pour faire des économies. Quant à Alfred, il reprisait ses chaussettes qui avaient d'énormes trous aux talons et aux orteils. Lina voulait l'aider, mais Alfred n'était pas d'accord.

« Si j'accepte, elle ne me lâchera plus », expliqua-t-il à Zozo.

Les deux enfants jouaient souvent sous la table avec le chat. Un jour, Zozo essaya de faire croire à Ida que le chat était un loup. Comme il ne réussissait pas à la convaincre, il poussa un hurlement qui fit sursauter

-le loup garou

tout le monde. Quand sa mère lui demanda
ce que cela signifiait, Zozo répondit :

« Il y a un loup sous la table. »

La vieille Marie se mit alors à parler de
loup et les enfants se rapprochèrent d'elle
pour l'écouter. Ils savaient qu'elle allait leur
raconter des histoires terribles : des histoires de meurtres, de vols, de fantômes, de
pendaisons, d'incendies épouvantables, de

maladies mortelles, de bêtes sauvages, de loups, par exemple.

« Quand j'étais petite, disait-elle, il y avait beaucoup de loups dans le pays.

— Il y a cent ans, dit Lina, le roi Charles XII les a tous tués. »

La vieille Marie se fâcha : elle était vieille, bien sûr, mais tout de même pas autant que le pensait Lina. Puis, elle raconta des histoires de loups et de trappes qu'on creusait pour les prendre. Il existait même des loups-garous, les pires de tous : ils pouvaient parler au moment de la pleine lune. Ce n'était pas des loups ordinaires mais des êtres à demi humains, des monstres terribles.

Le soir, dans leur lit, Zozo et Ida reparlèrent de loups.

« Heureusement qu'il n'y en a plus maintenant, dit Ida.

— Comment sais-tu qu'il n'y en a plus puisqu'il n'y a plus de trappes pour les prendre ? » répondit son frère.

Zozo resta longtemps éveillé, réfléchissant à toutes ces histoires. Il était certain que si seulement on creusait une trappe on capturerait un loup.

un grand trou...

Dès le lendemain matin, il se mit à creuser un grand trou entre l'atelier et le cellier. C'était un endroit plein d'orties qui, en cette saison, étaient noires et toutes fanées.

Il faut beaucoup de temps pour creuser une trappe, car elle doit être assez profonde pour que le loup ne puisse pas en sortir une fois qu'il est tombé dedans. Alfred lui donnait un coup de main de temps en temps et, malgré cela, la trappe ne fut terminée que juste avant Noël.

« Ça ne fait rien, dit Alfred, les loups ne sortent des forêts qu'en plein hiver quand il fait très froid et qu'ils ont très faim. »

La petite Ida tremblait en pensant aux loups qui viendraient peut-être rôder à pas

la neige

feutrés autour des maisons. Zozo, lui, ne
tremblait pas : les yeux brillants, il regardait Alfred et se réjouissait à l'idée qu'un
loup puisse tomber dans sa trappe.

« Ze vais la recouvrir de branchages pour
que le loup ne la voie pas », dit-il, très fier
de son idée. Alfred fut d'accord.

« C'est juste ! Il faut toujours agir avec
ruse », dit le Grand Jo.

Le Grand Jo était le grand-père d'Alfred.
Il habitait à l'hospice du village.

Ensuite, on n'eut qu'à attendre le long et dur hiver. Un coup de froid survint juste avant Noël et il neigea tant que c'en était une joie ! Le village de Lonneberg et la Suède tout entière se trouvèrent ensevelis sous la neige. Seuls les pieux des barrières dépassaient de la neige et traçaient les chemins. Personne ne pouvait donc deviner qu'une trappe se dissimulait entre le cellier et l'atelier. Un tapis de neige blanche recouvrait tout.

Chaque soir, Zozo priait le Bon Dieu que

le grand Jo

ses branchages ne cassent pas avant que le loup ne passe et ne se prenne au piège.

A la Pommeraie, tout le monde se hâtait car il s'agissait de bien se préparer à fêter Noël. Il fallait d'abord faire la grande lessive. Lina et la vieille Marie se tenaient sur le ponton, près du ruisseau, pour rincer le linge. Lina pleurait et soufflait sur ses doigts couverts d'engelures. Puis on tua le cochon de Noël. Il était si gros que c'est à peine si on pouvait encore trouver de la place dans la cuisine. On y avait entassé tous les boudins, les grosses saucisses, les petites saucisses, les jambons, les rillettes, que sais-je encore ? A tout cela s'ajoutait la traditionnelle liqueur de genièvre. C'est la maman de Zozo qui la préparait dans de grandes barriques. On faisait aussi cuire des pains de toutes sortes : miches, pains de seigle, de froment, parfumés au safran, pains d'épice et un nombre infini de petits gâteaux : meringues, tortillons, sablés, petits choux, etc.

La maman de Zozo et Lina passèrent presque toute une nuit à faire des bougies de toutes tailles. Alfred et Zozo attelèrent Lucas au traîneau et allèrent dans la forêt chercher un beau sapin. Son papa prit dans la grange quelques gerbes d'avoine qu'il avait mises de côté pour les moineaux.

« C'est de la folie, dit-il, mais les moineaux ont droit à leur Noël, eux aussi. »

Il y en avait encore d'autres auxquels il fallait penser et qui, eux aussi, avaient droit à leur Noël : c'étaient les pensionnaires de l'hospice.

Mais qu'est-ce qu'un hospice ? C'est une maison où vivaient autrefois les vieillards pauvres et malheureux. Leur histoire est encore plus affreuse que la plus affreuse des histoires que racontait la vieille Marie. Ces vieux habitaient une petite maison de quelques pièces où ils s'entassaient dans la crasse, les poux, la faim et la misère. Malheureusement, l'hospice de Lonneberg n'était pas pire que les autres.

« Pauvre grand-père, disait Alfred, ce n'est pas drôle pour lui, et encore, ça pourrait aller s'il n'y avait pas cette vieille sorcière de Commandante ! »

La Commandante était une vieille qui dirigeait tout à l'hospice. Ce n'était qu'une pensionnaire comme les autres, mais elle avait pris le commandement parce qu'elle était la plus grande, la plus forte et la plus méchante. Cela ne serait jamais arrivé si Zozo avait été le maire du village, comme il le devint par la suite, lorsqu'il fut grand. A cette époque-là il n'était qu'un petit garçon et il ne pouvait rien faire contre la Commandante. Le grand-père d'Alfred avait peur d'elle, tout comme les autres pensionnaires.

« Elle ressemble à un lion furieux au milieu d'un troupeau de moutons », disait le Grand Jo.

Il était un peu bizarre, le Grand Jo. Il parlait comme un livre mais il était bien brave et Alfred aimait beaucoup son vieux grand-père. Les pensionnaires de l'hospice mangeaient rarement à leur faim. La maman de Zozo trouvait que c'était très triste.

« Les pauvres gens ! il leur faut quelque chose à manger pour Noël », dit-elle.

C'est pourquoi, quelques jours avant Noël, sur le chemin enneigé de l'hospice, on put voir Zozo et Ida portant entre eux un grand panier rempli de toutes sortes de saucisses, de jambons, de rillettes, de pains d'épice, de petits gâteaux, de bougies et même d'un peu de tabac pour le Grand Jo.

Seules, les personnes qui ont souffert de la faim peuvent comprendre la joie des vieux de l'hospice en voyant arriver Zozo et sa petite sœur avec leur grand panier. Tous se jetèrent dessus pour manger, mais la Commandante leur dit :

« Pas avant la veille de Noël ! vous le savez très bien. »

Personne n'osa la contredire.

Zozo et Ida rentrèrent à la maison. Enfin, le soir de Noël arriva. A la Pommeraie, tout le monde était joyeux.

Le lendemain matin, on se rendit à l'église de Lonneberg. Zozo rayonnait de plaisir en conduisant le traîneau ; Lucas et Marcus trottaient en faisant crisser la neige sous leurs sabots et ils dépassaient tous les autres traîneaux. Pendant la messe, Zozo n'ouvrit pas la bouche et se conduisit si bien que sa maman nota sur le cahier bleu : « Cet enfant est vraiment pieux, et à l'église au moins, il ne fait pas de sottises. »

Zozo resta bien sage toute la journée. Ida et lui jouèrent gentiment avec leurs cadeaux, et une douce paix régna sur la Pommeraie. Le lendemain, les parents étaient invités à la Sapineraie, une ferme située à l'autre bout du village. Tout Lonneberg connaissait trop bien Zozo et il n'était pas invité.

« Ça m'est égal ! Tant pis pour eux.

— Ça m'est égal à moi aussi », ajouta Ida.

Ce jour-là, Lina aurait dû rester à la maison pour surveiller les enfants. Dès le matin, elle se mit à bouder et voulut absolument aller rendre visite à sa mère qui habitait une petite maison près de la Sapineraie.

« Ben, c'est moi qui surveillerai les enfants, dit Alfred. Il y a de quoi manger et je ferai attention qu'ils ne jouent pas avec les allumettes.

— Tu connais bien Zozo », dit le père d'un air sévère. Mais sa femme ajouta :

« Zozo est un adorable petit garçon et il ne fait pas de bêtises, du moins pas le jour de Noël. Ne pleurniche pas, Lina, tu viendras avec nous. »

Alfred, Zozo et Ida, derrière la fenêtre de la cuisine, regardèrent le traîneau disparaître au loin. Dès qu'il fut hors de vue, Zozo bondit de joie :

« Maintenant, on va bien s'amuser ! »

Au même moment, Ida montra du doigt la route en disant :

« Regardez ! Voilà le Grand Jo.

— C'est vrai, dit Alfred, il y a quelque chose qui cloche. »

En effet, le Grand Jo n'avait pas la permission de sortir ; il était un peu simple d'esprit et ne pouvait pas se débrouiller tout seul. C'est ce que prétendait la Commandante : « Il se perd toujours, et je n'ai pas le temps de lui courir après. »

Cependant, le Grand Jo savait bien trouver le chemin de la Pommeraie et il arrivait, les cheveux en bataille.

« On n'a pas eu de boudin, dit-il, ni de

saucisse. C'est la Commandante qui a tout pris. »

Il ne put en dire davantage et se mit à pleurer. Zozo blêmit et devint fou de rage ; ses yeux lançaient des éclairs et il saisit un bol qui se trouvait sur la table.

« Viens donc ici, Commandante ! » hurla-t-il, et il lança contre le mur le bol qui vola en éclats.

« Donne-moi mon fusil ! »

Alfred eut vraiment peur.

« Du calme, s'il te plaît : c'est pas bon de se mettre en colère comme ça. »

Puis, il essaya de consoler son pauvre grand-père et de savoir pourquoi la Commandante avait fait une chose aussi horrible. Mais le pauvre vieux ne put que dire en pleurnichant :

« J'ai pas eu de boudin, ni de saucisse, ni mon tabac. »

C'est alors qu'Ida montra à nouveau le chemin :

« Regardez ! Voilà la Boulotte.

— C'est pour me ramener », dit Jo en tremblant de tous ses membres.

La Boulotte était une petite vieille que la Commandante avait l'habitude d'envoyer à la Pommeraie dès que Jo disparaissait. C'était toujours là qu'il allait, à cause d'Alfred et de la mère de Zozo, qui était si bonne pour les pauvres. La Boulotte leur raconta donc ce qui s'était passé :

La Commandante avait caché les provisions dans une armoire du grenier où il faisait bien froid. Mais, le soir de Noël, quand elle alla chercher les provisions au grenier, il manquait un malheureux petit morceau de saucisse. Elle piqua une crise de rage et voulut à tout prix découvrir le coupable : « Si je ne le trouve pas, je ferai pleurer les anges du Bon Dieu », avait-elle crié.

« Et c'est bien ce qu'elle a fait », dit la Boulotte.

Personne ne voulut avouer le vol de la saucisse malgré les cris et les menaces de la Commandante. Certains, parmi les vieux, crurent que la Commandante avait inventé cette histoire pour garder les provisions et les manger toute seule.

« Cette veille de Noël fut si triste que vraiment les anges du Bon Dieu ont dû pleurer », dit la Boulotte en soupirant.

Toute la journée, la Commandante était

la commandante
mangea
toute la journée

restée enfermée dans sa chambre, au grenier. Une bougie allumée sur la table, elle avait mangé des saucisses, du boudin, du jambon, du pain d'épice, tant et tant jusqu'à s'en faire éclater! Tandis qu'en bas, les pauvres vieillards pleuraient à chaudes larmes et n'avaient pour tout festin, en ce soir de Noël, qu'un petit morceau de hareng salé.

Il en fut de même le jour de Noël.

« Vous n'aurez chacun qu'un petit boudin, tant que le voleur du morceau de saucisse ne se sera pas dénoncé », jura la Commandante.

Elle s'installa dans sa chambre, au grenier, et s'empiffra toute la journée, sans parler à personne.

La Boulotte l'avait épiée elle-même par le trou de la serrure : elle avait vu disparaître dans son gros ventre toutes les bonnes choses que la maman de Zozo avait envoyées.

La Commandante craignait que le Grand Jo ne raconte toute l'affaire et c'est pourquoi elle avait envoyé la Boulotte pour le ramener immédiatement.

« Jo! Il est temps de rentrer. Viens!

94

— Allez ! rentre, mon pauvre grand-père ! » soupira Alfred.

Zozo était grave et silencieux. Il s'assit sur une grosse bûche, près de la cheminée, en grinçant des dents. Il resta ainsi un bon moment : on voyait qu'il réfléchissait sérieusement.

A la fin, il se leva, donna un coup de poing sur la bûche en disant :

« Je connais quelqu'un qui va organiser une belle fête !

— Qui donc ? demanda sa petite sœur.

— Moi », dit Zozo, et il expliqua ce qu'il avait imaginé : on ferait à la Pommeraie une fête à tout casser pour les pensionnaires de l'hospice.

« Es-tu sûr, Zozo, que ce n'est pas encore une bêtise ? » dit la petite Ida, un peu inquiète.

Alfred aussi s'effrayait et pensait que ça devait tout de même être une sottise. Zozo l'assura qu'il n'en était rien. Les anges du ciel applaudiraient à son idée aussi fort qu'ils avaient pleuré sur le misérable Noël de l'hospice.

« Maman aussi sera contente, ajouta-t-il.

— Et papa, alors ? dit Ida.

— Hum, hum... dit Zozo, même si ce n'est pas une bêtise... »

Il se tut et se mit à réfléchir.

« Mais pour sortir les vieux de la cage au lion, ça ne va pas être facile. Venez ! on y va et on essaie. »

A ce moment de notre histoire, la Commandante avait avalé toutes les saucisses, le boudin, le jambon et les rillettes ; le pain au safran et les petits gâteaux avaient pris le même chemin et elle avait aussi confisqué le tabac du Grand Jo. Elle restait seule dans sa chambre au grenier, en proie aux remords, et son énorme repas lui restait sur l'estomac. Elle ne voulait pas descendre voir les autres, qui passaient leur temps à soupirer.

Tout à coup, elle entendit frapper à la porte. Elle dégringola l'escalier en vitesse pour voir qui c'était. Alors, elle eut peur, pensant que le Grand Jo et la Boulotte avaient cafardé. Mais c'était Zozo, qui salua très poliment en disant :

« Est-ce que, par hasard, ze n'ai pas oublié mon canif, la dernière fois ? »

Il était drôlement malin, le petit Zozo !

Son canif était dans sa poche. C'était le prétexte qu'il avait trouvé pour revenir. La Commandante l'assura qu'on n'avait rien vu. Zozo lui dit :

« Alors, la saucisse était bonne ? et les rillettes ? et tout le reste ? »

La Commandante baissa les yeux et fixa ses grands pieds :

« Mais oui, mais oui, répondit-elle rapidement. La bonne dame de la Pommeraie sait de quoi les pauvres ont besoin. Salue-la bien de ma part. »

Zozo ajouta comme si de rien n'était (ce qui, en vérité, était le motif de sa venue) :

« Maman et papa sont invités à la Sapineraie. »

La Commandante en fut tout excitée.

« Je ne savais pas que c'était la fête à la Sapineraie aujourd'hui ! »

« Non, bien sûr, se dit Zozo, sinon il y a longtemps que tu y serais allée ! » Il savait, comme tout le monde, que dès qu'il y avait une fête quelque part, on voyait arriver cette vieille sorcière à la porte de la cuisine. Pour s'en débarrasser, il fallait lui donner une part de gâteau au fromage : elle en

A la Sapineraie, il y aura 17 gateaux au fromage, dit Zozo.

raffolait et se serait jetée à l'eau pour en avoir un morceau.

« A la Sapineraie, il y aura dix-sept gâteaux au fromage, dit Zozo, qu'est-ce que vous en dites ? »

Ça, Zozo ne pouvait pas le savoir, et ne voulant pas mentir, il n'insista pas.

« Dix-sept gâteaux au fromage ! ça, alors ! » dit la Commandante.

Puis Zozo s'en alla : il avait fait ce qu'il avait prévu. Il avait bien deviné que la Commandante ne tarderait pas à se trouver sur le chemin de la Sapineraie : il ne s'était pas trompé. Cachés derrière un tas de bois, Zozo, Alfred et Ida la virent sortir, enveloppée dans son grand châle de laine, un sac sous le bras.

Quelle mégère ! elle ferma la porte à clef et mit la clef dans son sac puis partit aussi vite que ses grosses jambes pouvaient la porter. Voilà tous les pauvres vieux emprisonnés !

Zozo s'approcha de la maison, secoua la porte, et comprit qu'elle était fermée à double tour. Alfred et Ida en firent autant : rien à faire ! Derrière la fenêtre, tous les vieux, affolés, les regardaient. Zozo leur cria :

« Vous êtes tous invités à la Pommeraie, à condition de sortir d'ici ! »

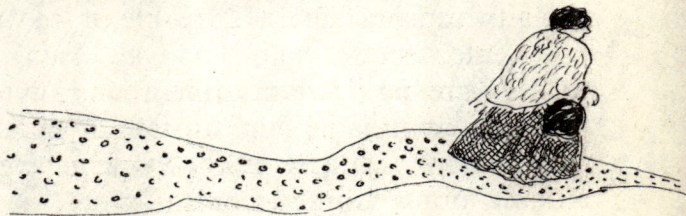

Les pensionnaires s'activèrent comme des abeilles dans une ruche pour trouver une solution.

Pourquoi n'ouvraient-ils pas tout simplement une fenêtre ? On voit bien que tu n'as jamais entendu parler de double fenêtre : en hiver, à l'hospice, on ne pouvait ouvrir aucune fenêtre. Elles étaient toutes soigneusement bloquées pour que le vent ne passe pas à travers les fentes. En réalité, il y avait une seule fenêtre qu'on pouvait ouvrir : celle du grenier. Mais comment les pauvres vieux auraient-ils pu faire un saut de quatre mètres pour sortir et se rendre à la fête ? Autant monter directement au ciel !

100

Toujours aussi débrouillard, Zozo trouva une échelle dans le bûcher. Il l'appuya contre la fenêtre du grenier que la Boulotte s'était fait une joie d'ouvrir.

Grand et fort, Alfred grimpa à l'échelle ; pour lui, ce n'était pas difficile de porter ces maigres vieillards. Ils gémissaient et se plaignaient, mais il les fit tous descendre, sauf la vieille Amélie : elle ne voulut rien savoir. La Victorine lui promit toutefois de lui rapporter de bonnes choses.

Dans la nuit tombante, ils avançaient péniblement, ressemblant à une troupe de fantômes. Pourtant, ils étaient heureux à la pensée que la Commandante rentrerait bientôt et trouverait la maison vide, à l'exception de la vieille Amélie.

En arrivant à la Pommeraie, ils restèrent béats d'admiration : dans la cuisine décorée pour Noël, quatre grandes bougies étaient allumées. Le Grand Jo se crut déjà au ciel et se mit à pleurnicher : la peine comme la joie le faisaient pleurer.

Alors, Zozo leur dit :

« Maintenant, faisons la fête ! »

Et pour une fête, ce fut une vraie fête ! Zozo, Alfred et Ida dévalisèrent le garde-manger et voilà ce qu'ils apportèrent sur la table de la cuisine :

un plat de boudin
un plat de cervelas
un plat de rillettes
un plat de pâté de foie
un plat de saucisses
un plat de boulettes de viande
un plat de côtelettes de veau
un plat de rôti de porc
un plat de salade de hareng

le festin.

un plat de petit salé
un plat de langue de bœuf
un plat de saucisson
un plat avec le grand jambon de Noël
un plat avec le grand fromage de Noël
un plat avec la miche de pain
un plat avec le pain de seigle
un pot de liqueur de genièvre
un pot de lait
un plat de riz
un plat de gâteau au fromage
un saladier de pruneaux
un plat de gâteau aux pommes
un bol de crème fouettée
un bol de confiture de fraises
un bol de compote de poires au gin-gembre.
et pour terminer, un cochon de lait tout entier, rôti et recouvert de caramel.

Tous les pensionnaires de l'hospice s'étaient assis autour de la table, et à chaque plat qui arrivait, leurs yeux s'emplissaient de larmes. Zozo dit enfin :
« S'il vous plaît, servez-vous ! »
Alfred, Zozo et Ida se joignirent à eux. La petite fille ne put avaler que quelques boulettes de viande : elle commençait à se

demander s'il ne s'agissait pas, en fin de compte, d'une énorme bêtise.

Elle se rappela tout à coup que des cousins étaient invités à la Pommeraie pour le lendemain — c'était le repas préparé pour eux qu'elle voyait maintenant disparaître sous ses yeux.

On n'entendait plus qu'un bruit de mâchoires et on eût dit qu'un nuage de sauterelles s'était abattu sur la table.

Elle tira Zozo par le bras et lui chuchota à l'oreille de manière que personne ne l'entende :

« Es-tu sûr que ce n'est pas une sottise ? As-tu pensé aux cousins qui doivent venir demain ?

— Ils sont bien assez gros comme ça, répondit tranquillement Zozo. Laissons manzer ceux qui en ont le plus besoin. »

Tous les plats furent vidés en un clin d'œil, car ce que les vieux n'engloutissaient pas, ils le glissaient dans leurs poches ou dans des sacs.

« Et voilà le rôti de porc liquidé, dit le Gros Charles en s'emparant du dernier morceau.

— Moi, je finis la salade de hareng, dit un autre.

— Tous les plats sont vides », dit enfin Nicolas le Toqué.

Et c'était la pure vérité ! C'est pourquoi cette fête fut appelée « le pillage de la Pommeraie » et on en parla encore longtemps après, à Lonneberg et dans les villages des environs.

Il ne restait du festin qu'une seule chose : le cochon de lait rôti. Il trônait sur la table vide, le regard fixe et mort.

« Ce cochon a l'air d'un petit fantôme. Je n'ose pas le toucher », dit la Boulotte. Aucun d'entre eux n'avait jamais vu de cochon de lait rôti tout entier.

« Est-ce qu'il ne reste pas encore un peu de saucisson ? demanda le Gros Charles.

— Il n'y a plus rien, expliqua Zozo, sauf une saucisse attachée à un bâton sur la trappe aux loups. Elle sert d'appât, et personne ne doit y toucher. »

Tout à coup, la Boulotte poussa un cri :

« On a oublié l'Amélie ! »

Elle regarda la table vide et ses yeux tombèrent sur le cochon :

le retour en traîneau

« On l'emporte et on le donnera à Amélie, même s'il ressemble à un fantôme. Qu'en penses-tu, Zozo ?

— D'accord pour le cochon », soupira

Zozo qui commençait à se poser des questions.

Ils étaient tous tellement repus qu'ils ne pouvaient plus bouger.

« On va prendre le grand traîneau pour les ramener à l'hospice », dit Zozo.

La pleine lune brillait dans un ciel étoilé. C'était un temps idéal pour faire du traîneau sur la neige toute fraîche. Zozo et Alfred installèrent les pensionnaires sur le traîneau. A l'avant, ils placèrent la Boulotte qui portait le cochon. A l'arrière se tenaient Zozo, Alfred et la petite Ida.

« En route ! Et que ça saute ! » cria Zozo.

Ils dévalèrent les collines en faisant voler la neige. Tous poussaient des cris de joie ; il y avait si longtemps qu'ils n'avaient pas fait de traîneau ! Seul, le cochon de lait, entre les bras de la Boulotte, gardait le silence et fixait la lune de ses yeux de fantôme.

Que devenait la Commandante, pendant tout ce temps ?

A son retour de la Sapineraie, elle arriva à l'hospice, rassasiée et satisfaite, son grand châle gris sur le dos. Elle sortit la clef de son sac, la mit dans la serrure. Elle ricanait

le retour de la commandante

en pensant aux pensionnaires emprisonnés.
Elle tourna la clef, passa le seuil et entra.
Pourquoi ce silence ? Dormaient-ils déjà ?
La lune brillait, éclairant l'intérieur de
l'hospice. Il n'y avait personne !

Alors, la Commandante se mit à trem-
bler de tout son corps. Elle eut peur comme
jamais de sa vie : comment ont-ils fait
pour sortir par une porte fermée à clef ?
Peut-être les anges du Bon Dieu sont-ils
venus chercher ces vieillards pour les
emmener dans un monde meilleur ? Elle
avait été si méchante envers eux et elle se
retrouvait seule, maintenant, dans sa misère et son malheur. Elle commença à hurler comme un chien.

Soudain, une petite voix s'éleva d'un des lits :

« Qu'est-ce qui te prend ? » dit Amélie.

La Commandante retrouva bien vite ses esprits. Elle obligea la pauvre Amélie à tout lui raconter. Puis elle se précipita à la Pommeraie pour ramener en vitesse ses pensionnaires à la maison.

La ferme de la Pommeraie était bien belle au clair de lune. Toutes les fenêtres de la cuisine étaient éclairées. Brusquement, elle eut honte et n'osa pas entrer. Elle voulut d'abord jeter un coup d'œil par la fenêtre pour s'assurer que c'était bien ses pensionnaires qui étaient là en train de festoyer. Mais pour arriver jusqu'à la fenêtre, il lui aurait fallu grimper sur une caisse ou quelque chose de ce genre. Elle se dirigea

Amélie raconte

Vers la Pommeraie la nuit

vers l'atelier pour chercher... mais ce n'est pas une caisse qu'elle trouva : c'était une saucisse piquée au bout d'un bâton planté dans la neige et que la lune éclairait. Certes, la Commandante n'avait plus faim, elle avait mangé tellement de gâteau au fromage ! Mais ce serait fou de laisser perdre toute une saucisse !

Elle fit un bond, un seul grand bond et... boum ! C'est ainsi qu'autrefois, en Suède, on prenait les loups !

A l'instant même où la Commandante tombait dans la trappe, les pauvres de l'hospice terminaient leur fête et s'instal-

110

laient sur le traîneau pour rentrer chez eux.

Pas un son ne sortit de la trappe. Tout d'abord, la Commandante ne voulut pas appeler à l'aide, croyant pouvoir s'en sortir toute seule.

Fatigués mais heureux, ses pensionnaires arrivèrent à l'hospice et furent bien surpris de trouver la porte ouverte. Ils s'écroulèrent sur leurs lits sans se poser de questions.

Quant à Zozo, Alfred et Ida, ils firent demi-tour pour rentrer à la ferme dans la nuit paisible. Le silence était si grand qu'on pouvait croire que la terre entière était endormie.

Au moment où ils abordaient tranquillement la dernière descente, ils entendirent,

venant de la trappe aux loups, des hurlements à donner froid dans le dos. La petite
Ida pâlit, elle aurait bien voulu être près de
sa maman. Mais pas Zozo ! Fou de joie, il
fit un bond de cabri :

« Il y a un loup dans ma trappe, s'écria-
t-il, où est mon fusil ? »

Plus ils approchaient, plus les hurlements
redoublaient. Ils retentissaient à tel point
qu'on eût dit la forêt pleine de loups répon-
dant aux plaintes du prisonnier.

« Écoute, il a un drôle de cri, ce loup »,
dit Alfred.

Ils s'arrêtèrent tous les trois pour écouter.

« Au secours ! au secours ! au secours ! »

Les yeux de Zozo se mirent à briller :

« Un loup-garou, dit-il : cette fois, ze
crois vraiment que c'est un loup-garou. »

Il se précipita le premier vers la trappe :
il comprit bien vite quelle sorte de loup
était tombé dans le piège : ce n'était pas un
loup-garou mais la malheureuse Commandante. Zozo piqua une colère. Qu'est-ce
qu'elle venait faire dans sa trappe ? C'était
un vrai loup qu'il voulait capturer. Puis, il

se calma et réfléchit : une bonne leçon pour la Commandante ; peut-être qu'à l'avenir elle serait plus gentille !

Il appela Alfred et Ida :

« Venez ! venez vite voir une affreuse bête toute poilue. »

Ils regardèrent tous les trois la Commandante qui, avec son grand châle, ressemblait en effet à un loup.

« Tu es sûr que c'est un loup-garou ? demanda Ida d'une voix tremblante.

— Pour sûr ! c'est un très méchant loup-garou, un des plus méchants qui existent.

— Et aussi un des plus gourmands, ajouta Alfred.

— Regarde-le, dit Zozo, il en a avalé des

trucs dans sa vie ! Mais maintenant, c'est fini ! Alfred, va chercher mon fusil !

— Zozo ! je t'en prie ! Tu ne me reconnais donc pas ? » dit la Commandante effrayée en l'entendant parler de fusil.

Elle ne savait pas qu'il s'agissait d'un fusil en bois.

« Alfred, est-ce que tu as bien entendu ce que disait le loup-garou ? Moi, pas. »

Alfred secoua la tête.

« Moi non plus !

— Ça m'est égal, dit Zozo. Donne-moi mon fusil. »

La Commandante cria :

« Vous ne voyez donc pas que c'est moi, la Commandante ?

— Qu'est-ce qu'il raconte ? dit Zozo.

— Il veut savoir si on a vu sa tante.

— Non, on ne l'a pas vue !

— Ni son oncle non plus, répondit Zozo.

— Si on les avait vus, la trappe serait pleine de loups-garous.

— Mon fusil, Alfred ! »

La Commandante se mit à hurler :

« Vous êtes vraiment trop malins, gémit-elle.

114

— Il dit qu'il aime le boudin.

— Bien sûr, qu'il l'aime ; mais on n'en a plus. Il ne reste plus un seul morceau de boudin dans toute la Suède, ajouta Zozo, c'est la Commandante qui a tout mangé. »

Les hurlements redoublèrent. La Commandante comprenait enfin que Zozo était au courant de sa vilaine action. Elle hurla tant et tant que Zozo finit par avoir pitié d'elle. Il avait bon cœur, ce petit garçon. Mais il voulait que ça change là-haut, à l'hospice. Il fallait le faire comprendre à la Commandante.

« Dis donc, Alfred ! si on le regarde de plus près, ce loup-garou, tu ne trouves pas qu'il ressemble un peu à la Commandante ?

— Oh ! là ! là ! répondit Alfred, la Commandante est pire que les loups-garous.

— T'as raison ; les loups-garous sont des petits amours, à côté de la Commandante. Elle, elle ne fait pas de cadeau !

— Du reste, ze me demande bien qui a pris la petite saucisse dans l'armoire du grenier.

— C'est moi, gémit la Commandante.

J'avouerai tout ce que vous voulez si vous
m'aidez à sortir de ce trou. »

Alfred et Zozo se regardèrent en sou-
riant.

« Alfred ! tu n'as donc pas les yeux en face des trous ? Tu ne vois pas que c'est la Commandante et non pas un loup-garou ?

— Mon Dieu ! s'exclama Alfred. Mais on s'est trompé !

— Ze ne comprends pas, moi non plus ; c'est vrai, ils se ressemblent ; mais les loups-garous ne portent pas de châle !

— Non ! ils n'ont pas de châle, ils ont des poils !

— Bon, ça suffit. Alfred, sois zentil, va chercher une échelle. »

C'est ainsi que la Commandante sortit du trou en hurlant ; elle s'enfuit sans demander son reste et on ne l'a plus jamais revue à la Pommeraie. Avant de disparaître, elle se retourna et cria :

« Oui ! que Dieu me pardonne, c'est moi qui ai volé la saucisse, mais je jure que le soir de Noël, je l'avais oublié !

— Ça lui a rafraîchi la mémoire de rester là-dedans ! Après tout, ce n'était pas idiot de creuser cette trappe, ça a au moins servi à quelque chose. »

En arrivant à l'hospice, la Commandante était hors d'haleine. Tous les pensionnaires dormaient à poings fermés dans leurs lits crasseux et elle n'avait surtout pas envie de les réveiller. Jamais elle n'avait fait aussi peu de bruit. Elle les compta : il n'en manquait pas un seul. Mais tout à coup elle vit encore quelque chose. Quelle horreur ! Sur la table, près du lit d'Amélie, se tenait un fantôme qui ressemblait à un affreux petit cochon... Ou bien, n'était-ce pas un loup-garou qui la fixait de ses yeux blancs ? Quelle journée ! C'en était trop. Elle s'écroula sur le sol et resta étendue là jusqu'au lever du soleil.

Nous étions au troisième jour après Noël. C'est ce jour-là que les cousins devaient arriver à la Pommeraie. Dommage pour la fête ! Il restait encore du petit salé dans la réserve, du lard et des pommes de terre avec de la sauce à l'oignon.

Ce soir-là, avouons-le, la maman de Zozo était bien triste en écrivant dans le cahier bleu. Encore aujourd'hui, la page porte la trace de ses larmes. Elle écrivit en titre :

« LE SOIR DU TROISIÈME JOUR APRÈS NOEL

« Aujourd'hui, Zozo a passé la journée

118

dans l'atelier. A vrai dire, il est bien gentil, le pauvre enfant, mais je crois tout de même qu'il a quelque chose de fêlé ! »

Le temps passa, la vie continua à la Pommeraie. L'hiver prit fin, le printemps arriva. Zozo était souvent enfermé dans l'atelier. Le reste du temps, il jouait avec sa petite sœur, se promenait sur le dos de Lucas, taquinait toujours Lina ou bavardait avec son copain Alfred. Il trouvait toujours de nouvelles farces à faire et cela enrichissait sa vie. Il en fit tant et tant qu'au mois de mai, cent vingt-cinq bonshommes en bois s'alignaient sur l'étagère de l'atelier.

Alfred, lui, ne faisait pas de bêtises, mais il avait des soucis. Il n'avait pas encore osé dire à Lina qu'il ne voulait pas se marier avec elle.

« C'est moi qui vais le lui dire », proposa Zozo.

Alfred refusa : « Il faut le lui dire gentiment pour ne pas lui faire de peine. » Alfred était un brave homme, mais il ne savait pas comment s'y prendre pour annoncer sa décision à Lina.

Un samedi soir, au début de mai, il prit

son courage à deux mains : Lina était assise sur les marches des communs et l'attendait comme d'habitude. Il se pencha par la fenêtre et l'appela :

« Écoute voir, Lina ! Il y a quelque chose que je veux te dire depuis longtemps. »

Elle pensa qu'il allait enfin se décider et prononcer la phrase tant attendue.

« Eh bien, mon petit Alfred, je t'écoute.

— Ben... toi et ton f... mariage, je vous emm... »

Oui, c'est triste à dire mais ce furent vraiment là les paroles d'Alfred ! Tu ne devrais pas apprendre de semblables gros mots (tu en connais déjà assez comme cela, j'en suis sûre) mais rappelle-toi qu'Alfred n'était qu'un simple valet de ferme à Lonneberg, en Suède, il y a bien longtemps de cela. Le malheureux n'avait rien trouvé d'autre à dire, et pourtant il y avait pensé pendant bien longtemps !

Lina ne fut pas triste.

« C'est ce que tu crois, dit-elle. On verra ça plus tard ! »

A partir de ce jour, Alfred comprit qu'il ne se débarrasserait jamais de Lina. Mais, ce soir-là, il avait envie d'être libre et heureux. Il partit avec Zozo pêcher au bord du lac.

Toutes les haies de la Pommeraie étaient en fleur, les merles chantaient, les moustiques tournoyaient dans l'air et les poissons mordaient bien. Zozo et Alfred, assis au bord du lac, regardaient leurs bouchons s'agiter sur l'eau calme. Ils ne se parlaient pas beaucoup mais ils étaient contents

d'être ensemble. Ils restèrent là jusqu'au coucher du soleil puis rentrèrent à la ferme. Alfred portait les poissons — de belles grosses perches — tandis que Zozo s'amusait avec une flûte que son ami lui avait taillée. Il en jouait si bien que les merles surpris s'arrêtaient de siffler pour l'écouter.

Brusquement, Zozo se tut.

« Tu sais ce que ze vais faire demain ? dit-il après un moment.

— Non, répondit Alfred, encore une farce, j'imagine. »

Zozo reprit sa flûte, joua encore un moment et dit enfin :

« Ze ne sais pas si ça sera une farce ; c'est toujours après que ze comprends. »

Table

Composition réalisée par C.M.L., Montrouge

IMPRIMÉ EN FRANCE PAR BRODARD ET TAUPIN
58, rue Jean Bleuzen - Vanves - Usine de La Flèche.
LIBRAIRIE GÉNÉRALE FRANÇAISE - 14, rue de l'Ancienne-Comédie - Paris.
ISBN : 2 - 253 - 03605 - 6